# hipnosis para bajar de peso

## convertirse en un maestro de la hipnosis, aprender a hacer que sus amigos y clientes pierdan peso

Melanie Johnson

*Melanie Johnson*

Melanie Johnson

# Resumen

# consejos históricos

Hay muchas contradicciones en la historia de la hipnosis. Su historia es un poco como tratar de encontrar la historia de la respiración. La hipnosis es un rasgo universal que fue construido al nacer. Ha sido experimentado y compartido por cada ser humano desde el principio de los tiempos. Sólo en las últimas décadas estamos empezando a entender esto. La hipnosis no ha cambiado en un millón de años. La forma en que lo entendemos y cómo lo controlamos ha cambiado mucho.

La hipnosis siempre ha estado rodeada de conceptos erróneos y mitos. A pesar de ser utilizado clínicamente y toda la investigación que se ha hecho, algunos siguen teniendo miedo por la suposición de que la hipnosis es mística. Muchas personas piensan que la hipnosis es una innovación moderna que se extendió a través de comunidades que creían en lo metafísico durante los años 70 y 80. Desde mediados de 1800, la hipnosis se utilizó en los Estados Unidos. Ha avanzado con la ayuda de psicólogos como Alfred Binet, Pierre Janet y Sigmund Freud, entre otros. La hipnosis se puede encontrar en tiempos antiguos y ha sido investigada por investigadores modernos, médicos y psicólogos.

## Los orígenes de la hipnosis

Los orígenes de la hipnosis no pueden separarse de la psicología y la medicina occidental. La mayoría de las culturas antiguas de la hipnosis romana, griega, egipcia, india, china, persa y sumeria utilizaban hipnosis. En Grecia y Egipto, las personas enfermas irían a los lugares que sanaban. Estos eran conocidos como templos de ensueño o templos para dormir donde las personas podían curarse con hipnosis. El libro sánscrito llamado "La ley de Manu" describió niveles de hipnosis como caminar dormido, dormir en sueños y sueño de éxtasis en la antigua India.

La primera evidencia de hipnosis fue encontrada en el Egipto Ebers Papyrus que data de 1550 a. C. Sacerdote/médicos repetidas sugerencias durante el tratamiento de los pacientes. Harían que el paciente mirara discos metálicos y entrara en trance. Esto ahora se llama fijación ocular.

Durante la Edad Media, príncipes y reyes

pensaron que podían sanar con el Toque Real. Estas curaciones se pueden atribuir a los poderes divinos. Antes de que la gente comenzara a entender la hipnosis, los términos mesmerismo o magnetismo se utilizarían para describir este tipo de curación.

Paracelso, el médico suizo, comenzó a usar imanes para sanar. No usó una reliquia sagrada ni un toque divino. Este tipo de curación todavía se estaba utilizando en la década de 1700. Un sacerdote jesuita, el Infierno de Máxima, era famoso por sanar usando placas de acero magnéticas. Franz Mesmer, un médico austriaco, descubrió que podía enviar a la gente a un trance sin el uso de imanes. Descubrió que la fuerza curativa provenía de sí mismo o de un fluido invisible que ocupaba espacio.

Pensó que el "magnetismo animal" podría ser transferido del paciente al sanador por un misterioso fluido etérico. Esta teoría está tan equivocada. Se basó en ideas que estaban vigentes durante el tiempo, específicamente la teoría de la gravedad de Isaac Newton.

Mesmer desarrolló un método para la hipnosis que se transmitió a sus seguidores. Mesmer realizaría inducciones uniendo a sus pacientes con una cuerda que el magnetismo animal podría pasar. También llevaba una capa y tocaba música en una armónica de vidrio mientras todo esto sucedía.

Estas prácticas llevaron a su caída, y durante el tiempo el hipnotismo era considerado peligroso para cualquiera tener como carrera. El hecho es que la hipnosis funciona. El siglo XIX estaba lleno de gente que buscaba entenderlo y aplicarlo.

El marqués de Puysegur, un estudiante

de Mesmer, fue un magnetista exitoso que utilizó por primera vez la hipnosis llamada somnambulismo o sonambulismo. Los seguidores de Puysegur se llamaban experimentalistas. Su trabajo reconocía que las curas no provenían de imanes sino de una fuente invisible.

Abbe Faria, un sacerdote indo-portugués, realizó investigaciones sobre hipnosis en la India durante 1813. Se fue a París y estudió hipnosis con Puysegur. Pensó que la hipnosis o el magnetismo no era lo que sanaba, sino el poder que se generaba desde dentro de la mente.

Su enfoque fue lo que ayudó a abrir la escuela centrada en la psiconosis llamada Nancy School. La Escuela Nancy dijo que la hipnosis era un fenómeno provocado por el poder de la sugestión y no por el magnetismo. Esta escuela fue fundada por un médico francés, Ambroise-Auguste Liebeault. Fue llamado el padre de la hipnoterapia moderna. Pensó que la hipnosis era psicológica y no tenía nada que ver con el magnetismo. Estudió las cualidades similares del trance y el sueño y notó que la hipnosis era un estado que podría ser provocado en mi sugerencia.

Su libro Sleep and Its Analogous States, fue impreso en 1866. Las historias y escritos sobre sus curas atrajeron a Hippolyte Bernheim a visitarlo. Bernheim era un famoso neurólogo que era escéptico de Liebeault, pero una vez que observó a Liebault, estaba tan intrigado que renunció a la medicina interna y se convirtió en hipnoterapeuta. Bernheim llevó las ideas de Liebeault al mundo médico con Terapias Sugerentes que mostraban la hipnosis como ciencia. Bernheim y Liebeault fueron los innovadores de la psicoterapia. Incluso hoy en día, la hipnosis sigue siendo vista como un fenómeno.

Los pioneros de la psicología estudiaron la hipnosis en las escuelas de París y Nancy. Pierre Janey desarrolló teorías de memoria traumática, disociación y procesos inconscientes estudiaron la hipnosis con Bernheim en Charcot en París y Nancy. Sigmund Freud estudió hipnosis con Charcot y observó tanto a Liebeault como a Bernheim. Freud comenzó a practicar hipnosis en 1887. La hipnosis fue fundamental en él inventó el psicoanálisis.

Durante el tiempo que se inventó la

hipnosis, varios médicos comenzaron a usar la hipnosis para la anestesia. Recamier, en 1821 operó mientras usaba hipnosis como anestesia. John Elliotson, un cirujano británico en 1834, introdujo el estetoscopio en Inglaterra. Informó haber hecho varias operaciones indoloras usando hipnosis. Un cirujano escocés, James Esdaile, realizó más de 345 operaciones mayores y 2.000 menores mediante el uso de hipnosis durante las décadas de 1840 y 1850.

James Braid, un oftalmólogo escocés, inventó el hipnotismo moderno. La trenza utilizó por primera vez el término sueño nervioso o neurohipnopsismo que se convirtió en hipnosis o hipnotismo. Braid fue a una demostración de La Fontaine, el magnetismo francés en 1841. Ridiculizó las ideas de los Mesmeristas y sugirió que la hipnosis era psicológica. Fue el primero en practicar la medicina psicosomática. Trató de decir que la hipnosis se estaba centrando en una idea. La hipnosis fue avanzada por la Escuela Nancy y sigue siendo un término que usamos hoy en día.

El centro de la hipnosis se trasladó fuera de Europa y a América. Aquí tuvo muchos avances en el siglo XX. La hipnosis era un fenómeno popular que porque más disponible para las personas normales que no eran médicos.

El estilo de la hipnosis también cambió. Ya no eran instrucciones directas de una autoridad; en cambio, se convirtió en un estilo permisivo e indirecto de trance que se basaba en patrones sutiles del lenguaje. Esto fue provocado por Milton H. Erickson. El uso de la hipnosis para el tratamiento rápido de traumatismos y lesiones durante la Primera Guerra Mundial, la Segunda Guerra Mundial y Corea condujo a un nuevo interés en la hipnosis en la psiquiatría y la odontología.

La hipnosis comenzó a ser más práctica y fue pensada como una herramienta para ayudar a la angustia psicológica. Los avances en la imagen cerebral y la ciencia neurológica, junto con el trabajo de Ivan Tyrrell y Joe Griffin, han ayudado a resolver algunos debates. Estos psicólogos británicos vincularon la hipnosis con el Movimiento Ocular Rápido y llevaron la hipnosis al ámbito de las experiencias diarias. La naturaleza de la conciencia normal se puede entender mejor como sólo el trance afirma que constantemente entramos y salimos de.

Todavía hay personas que piensan que la hipnosis es un tipo de poder que tiene lo oculto incluso hoy en día. Las personas que creen que la hipnosis pueden controlar las mentes o realizar milagros están compartiendo las opiniones que han existido durante cientos de años. La historia que se ha registrado es rica en atisbos de prácticas y rituales antiguos que parecen hipnosis moderna.

Los Vedas hindúes tienen pases curativos. El antiguo Egipto tiene sus textos mágicos. Estas prácticas se utilizaron para ceremonias religiosas, como la comunicación con espíritus y dioses. Tenemos que recordar que lo que la gente ve como lo oculto era la ciencia en su máxima expresión en ese marco de tiempo. Estaba haciendo lo mismo que la ciencia moderna ahora tratando de curar las dolencias humanas aumentando nuestro conocimiento.

Encontrar la historia de la hipnosis es como buscar algo que esté bien en nuestra opinión. Podemos empezar a verlo por lo que realmente es, un fenómeno que es una parte complicada de la existencia humana. El futuro de la hipnosis es realizar completamente nuestras habilidades hipnóticas naturales y el potencial que todos tenemos dentro de nosotros.

Desde hace tantos años, las personas han estado contemplando y discutiendo sobre este tema. Todos los científicos de hipnosis aún no han explicado cómo funciona realmente. Con la hipnosis, podrás ver a un individuo bajo un trance, pero no entenderás lo que está pasando.

Este trance es una pequeña parte de cómo funciona la personalidad humana. Es seguro decir que la hipnosis seguirá siendo un misterio para nosotros. Todos conocemos los aspectos generales de la hipnosis, pero realmente no podemos entender cómo funciona. La hipnosis es una condición de serie retratada por sueños serios sugestivos expandidos y desenrollados. No está durmiendo, porque cuando estás bajo hipnosis, todavía estás bajo alerta. Pero simplemente te estás preguntando en el mundo de la fantasía, y te sientes entrando en otra dimensión que es diferente de esta dimensión física.

Eres completamente consciente, pero no eres consciente del entorno que te rodea.

Sólo eres consciente de esa cosa que está siendo retratada en tu mente y esa tierra de ensueño en la que estás entrando. En tu día normal de vida, puedes sentir el efecto del universo y el universo en tus sentimientos. Las investigaciones han demostrado que la hipnosis se puede utilizar para curar varias afecciones. Es eficaz en la elevación de condiciones como dolores en las articulaciones de reumatismo. Ayuda a elevar los dolores de parto y los dolores de gestación. También se ha utilizado para reducir los efectos secundarios de diamante. También ayuda en los efectos secundarios del TDAH la hipnoterapia. Y reduce el impacto de la enfermedad en el cuerpo.

También ayuda durante el tormento. También puede ayudar a mejorar los dolores dentales y las condiciones de la piel como lunares.

También ayuda a curar la manifestación del trastorno. Además, se puede utilizar para aliviar

el tormento de la agonía provocada por el parto y la maternidad. También ayuda a curar el tabaquismo, reducir el peso y dejar de mojar la cama.

# ¿Qué es la hipnosis?

Mientras que el lavado de cerebro es un tipo notable de control mental que numerosas personas tienen sobre, la hipnosis es además un tipo significativo que debe ser considerado. Generalmente, las personas que saben acerca de la hipnosis piensan en ello viendo espectáculos en estadio de miembros haciendo actos tontos. Si bien esto es una especie de hipnosis, hay mucho más.

Esta parte se va a centrar más en la hipnosis como un tipo de control mental.

## ¿Qué es la hipnosis?

Para empezar, ¿cuál es el significado de la hipnosis? Como indican los especialistas, la hipnosis es vista como una condición de conocimiento que incluye la consideración comprometida junto con la atención marginal disminuida que es descrita por la capacidad ampliada del miembro para reaccionar a las recomendaciones que se dan. Esto implica que el miembro entrará en una perspectiva alternativa y será sustancialmente más indefenso a seguir las recomendaciones que son dadas por el inductor de trance.

Se percibe ampliamente que dos grupos de hipótesis ayudan a representar lo que está pasando durante el período de tiempo de la hipnosis.

La primera es la hipótesis de estado cambiante. Los individuos que siguen esta hipótesis ven que la hipnosis se asemeja a un aturdimiento o una perspectiva que se ajusta donde el miembro verá que su atención no es, hasta cierto punto, lo mismo que lo que vería en su estado común de cognizante. La otra hipótesis son las especulaciones no estatales.

Los individuos que siguen esta hipótesis no creen que las personas que experimentan hipnosis están entrando en diversas condiciones de conciencia. O tal vez, el miembro está trabajando con el especialista subliminal para entrar en una especie de autorización de trabajo inventiva.

Mientras que en la hipnosis, se cree que el miembro tiene más fijación y centro que se empareja junto con otra capacidad para centrarse en una memoria particular o pensamiento fuertemente. Durante este procedimiento, el miembro también está listo para excluir diferentes fuentes que pueden estar desviando a ellos.

Se cree que los temas fascinantes demuestran una mayor capacidad para reaccionar a las recomendaciones que se les dan, especialmente cuando estas propuestas tienen su origen en el especialista subliminal.

El procedimiento que se utiliza para poner al miembro en la hipnosis es alistamiento hipnótico de punto e incluirá una progresión de propuestas y directrices que se utilizan como una especie de calentamiento.

Hay una amplia gama de reflexiones que son planteadas por especialistas con respecto a lo que es el significado de la hipnosis.

El amplio surtido de estas definiciones se origina en la forma en que simplemente hay un gran número de diversas condiciones que acompañan a la hipnosis, y nadie tiene un encuentro similar cuando la está experimentando.

Algunas perspectivas y articulaciones se han hecho sobre la hipnosis. Algunas personas aceptan que la hipnosis es genuina y sospechan que la legislatura y otras personas a su alrededor intentarán controlar sus mentes.

Otros no tienen fe en la hipnosis en absoluto y sienten que es sólo un engaño hábil. Sin duda, la posibilidad de hipnosis como control mental cae en algún lugar del centro.

Hay tres fases de hipnosis que son percibidas por la red mental. Estas tres fases incorporan aceptación, recomendación e indefensidad. Cada uno de ellos es crítico para el procedimiento de hipnosis y se hablará más por debajo.

## Inducción

La fase principal de la hipnosis es la inducción. Antes de que el miembro experimente la hipnosis completa, se familiarizarán con el método de alistamiento hipnótico. Durante mucho tiempo, se creyó que esta era la estrategia utilizada para colocar al sujeto en su estupor hipnótico.

Sin embargo, esa definición ha cambiado algunas en las ocasiones actuales. Una parte de los eruditos no estatales ha visto esta etapa de una manera inesperada. Más bien consideran que esto es como la estrategia para elevar los deseos de los

Miembros para lo que ocurrirá, caracterizando el trabajo que desempeñarán, destacando lo suficiente como para ser notados para centrar el camino correcto, y cualquiera de los diferentes avances que se requieren para guiar al miembro en el encabezamiento correcto para la hipnosis.

Hay algunos procedimientos de inducción que se pueden utilizar durante la hipnosis. Las estrategias más notables y convincentes son el método de "obsesión visual" de Braid o "braidismo". Hay muchas variedades de esta metodología, incluyendo la Escala de Susceptibilidad Hipnótica de Stanford (SHSS). Esta escala es el instrumento más utilizado para examinar en el campo de la hipnosis.

Para utilizar los procedimientos de alistamiento de trenza, debe seguir varios medios. La primera es tomar cualquier objeto que se pueda encontrar que sea brillante, por ejemplo, una caja de reloj, y mantenerlo entre los centros, los dedos de arriba y el pulgar en la mano izquierda.

Usted tendrá que mantener este artículo alrededor de 8-15 rastreos de los ojos del miembro. Sostenga el elemento en algún lugar sobre la frente, por lo que crea una tonelada de tensión en los párpados y los ojos durante el procedimiento con la meta de que el miembro pueda mantener una mirada fija en el artículo de manera consistente.

El inductor de trance debe revelar al miembro que deben enfocar sus ojos constantemente en el artículo. El paciente también tendrá que concentrar su mente en ese elemento específico.

No se les debe permitir considerar cosas diferentes o dejar que sus mentes y ojos se desfijen o, con toda probabilidad, el procedimiento no será eficaz.

Un poco más tarde, los ojos del miembro comenzarán a agrandarse. Con algo más de tiempo, el miembro comenzará a aceptar un movimiento ondulado. Si el miembro cierra automáticamente los párpados cuando el centro y los dedos índice de la mano correcta se transmiten desde los ojos hasta el elemento, en ese punto, están en el estupor.

Si no, en ese momento, el miembro debe comenzar una vez más; hacer un punto para decirle al miembro que deben permitir que sus ojos se cierren una vez que los dedos se transmiten en un movimiento comparable hacia los ojos una vez más. Esto hará que el paciente entre en la perspectiva ajustada que es la hipnosis de las knaps.

Mientras que Braid se mantuvo según su método, reconoció que utilizar el procedimiento de aceptación de la hipnosis no es constantemente fundamental para cada caso.

Los analistas en las ocasiones actuales han descubierto típicamente que la estrategia de aceptación no es tan esencial con los impactos de la recomendación hipnótica como se sospechaba recientemente.

Después de algún tiempo, diferentes otras opciones y variedades del primer procedimiento de aceptación hipnótica se han creado, a pesar de que la estrategia de trenza es todavía pensar en el mejor.

## Recomendación

La inducción del sueño actual utiliza una variedad de formas de propuesta para ser fructíferas, por ejemplo, representaciones, implicaciones, recomendaciones de rotondas o no verbales, propuestas verbales directas y diferentes metáforas y recomendaciones que no son verbales.

Una parte de las propuestas no verbales que podrían utilizarse durante la etapa de recomendación incorporaría manipulación física, tonalidad de voz y simbolismo mental.

Una de las cualificaciones que se hacen en los tipos de recomendación que se pueden ofrecer al miembro incorpora aquellas propuestas que se transmiten con consentimiento y las que tiran progresivamente en el camino.

Algo que debe ser considerado con respecto a la hipnosis es el contraste entre la mente ajena y la mente consciente. Hay algunos especialistas en trance que ven la fase de la propuesta como un método de transmisión que se guía generalmente a la mente consciente del tema. Otros en el campo lo verán de otra manera; ven la correspondencia que sucede entre el operador y la mente subconsciente u inconsciente.

Ellos aceptaron que las recomendaciones estaban siendo tendidas directamente a la parte consciente de la mente del sujeto, a diferencia de la parte ajena. La trenza va más allá y caracteriza la demostración de la inducción del trance como la consideración comprometida sobre la propuesta o el pensamiento predominante.

El miedo de muchas personas que los especialistas subliminales tendrán la opción de entrar en su ajeno y hacer que hagan y piensen cosas fuera de su capacidad de control es inconcebible según los individuos que siguen esta línea de razonamiento.

La idea de la mente ha sido además el

determinante de las diversas originaciones sobre la recomendación. Las personas que aceptaron que las reacciones dadas son a través de la mente ajena, por ejemplo, a causa de Milton Erickson, plantean los casos de utilización de recomendaciones aberrantes. Un gran número de estas propuestas aberrantes, por ejemplo, historias o representaciones, envolverán su importancia esperada para cubrirla de la mente consciente del tema.

La recomendación subconsciente es un tipo de hipnosis que depende de la hipótesis de la mente inconsciente. Si la mente ajena no estuviera siendo utilizada en la hipnosis, este tipo de recomendación no sería concebible.

Los contrastes entre las dos reuniones son genuinamente fáciles de percibir; las personas que acepten que las recomendaciones irán fundamentalmente a la mente consciente utilizarán pautas y propuestas verbales directas, mientras que las personas que acepten las propuestas irán esencialmente a la mente ajena utilizará historias y analogías con implicaciones ocultas.

El miembro debe tener la opción de

concentrarse en un artículo o pensamiento. Esto les permite ser conducidos hacia el camino que se requiere para entrar en el estado hipnótico. Cuando la etapa de recomendación se haya terminado eficazmente, el miembro tendrá, en ese momento, la opción de pasar a la tercera etapa, la impotencia.

## Impotencia

Después de algún tiempo, se ha visto que los individuos responderán contrastantemente con la hipnosis. Algunas personas encuentran que pueden caer en un estupor hipnótico razonablemente eficazmente y no necesitan invertir mucha energía en el procedimiento por ningún medio. Otros pueden encontrar que pueden entrar en el aturdimiento hipnótico, sin embargo, simplemente después de un período de tiempo de salida y con cierto esfuerzo.

Aún así, otros descubrirán que no pueden entrar en el estupor hipnótico, y significativamente después de proceder con los esfuerzos, no llegarán a sus objetivos. Una cosa que los especialistas han descubierto intrigantes acerca de la debilidad de varios miembros es que este factor se mantiene estable. Si usted ha tenido la opción de entrar en una perspectiva hipnótica con eficacia, probablemente va a ser un camino similar para un resto increíble.

Por otra parte, si usted ha experimentado constantemente problemas en llegar al estado hipnótico y nunca han sido entradas, en ese momento, casi seguro, nunca lo hará.

Ha habido algunos modelos distintos creados después de algún tiempo para intentar decidir la indefensión de los miembros a la hipnosis.

Una parte de las escalas de profundidad más establecidas intentó interpretar en qué nivel de aturdimiento se encontraba el miembro a través de los signos discernibles que eran accesibles.

Estos incorporarían cosas, por ejemplo, la amnesia sin restricciones. Una parte de las escalas más actuales trabaja para cuantificar el nivel de autoevaluación o la respuesta observada a las pruebas de recomendación particulares que se dan, por ejemplo, las propuestas inmediatas de la naturaleza de los brazos inflexibles.

Según el examen que ha sido terminado

por Deirdre Barrett, hay dos tipos de sujetos que se consideran profundamente vulnerables a los impactos de la terapia subliminal.

Estas dos reuniones incorporan disociados y fantasios. Los fantasesizadores obtendrán un puntaje alto en las escalas de asimilación, tendrán la opción de apagar sin esfuerzo los impulsos de esta realidad actual sin la utilización de la hipnosis, invertir una gran cantidad de su energía vagando en la tierra de fantasía, tener compañeros fantasiosos cuando eran un joven, y experimentar la infancia en una situación donde el juego inexistente se energizó.

# Pasos para bajar de peso

Bajar de peso con la hipnosis funciona como cualquier otro cambio con la hipnosis. Sin embargo, es importante entender el proceso paso a paso para que sepa exactamente qué esperar durante su viaje de pérdida de peso con el apoyo de la hipnosis.

En general, hay alrededor de siete pasos que están involucrados con la pérdida de peso usando la hipnosis.

El primer paso es cuando usted decide

cambiar; el segundo paso implica sus sesiones; el tercero y el cuarto son su mentalidad y comportamientos cambiados, el quinto paso implica sus regresiones, el sexto es sus rutinas de gestión, y el séptimo es su cambio duradero.

Para darle una mejor idea de cómo se ve cada una de estas partes de su viaje, vamos a explorarlas con más detalle a continuación.

En tu primer paso hacia la consecución de la pérdida de peso con la hipnosis, has decidido que deseas un cambio y que estás dispuesto a probar la hipnosis como una manera de cambiar tu enfoque a la pérdida de peso. En este punto, usted es consciente del hecho de que desea perder peso, y se le ha demostrado la posibilidad de perder peso a través de la hipnosis. Esta es probablemente la etapa en la que estás ahora mismo cuando comienzas a leer este mismo libro.

Usted puede encontrarse curioso, abierto a probar algo nuevo, y un poco escéptico en cuanto a si esto realmente va a funcionar para usted.

También puede sentirse frustrado,

abrumado o incluso derrotado por la falta de éxito que ha visto usando otros métodos de pérdida de peso, que pueden ser lo que le lleva a buscar hipnosis en primer lugar.

En este paso, lo más útil que puedes hacer es practicar mantener una mente abierta y curiosa, ya que así es como puedes prepararte para el éxito cuando se trata de tus sesiones reales de hipnosis.

Las sesiones representan la segunda etapa del proceso. Técnicamente, vas a pasar de la etapa dos a la etapa cinco varias veces antes de pasar oficialmente a la etapa seis.

Tus sesiones son la etapa en la que realmente te involucras en la hipnosis, nada más y nada menos. Durante tus sesiones, necesitas mantener tu mente abierta y mantenerte enfocado en cómo la hipnosis puede ayudarte. Si usted está luchando para mantenerse abierto de mente o todavía escéptico acerca de cómo esto podría funcionar, puede considerar cambiar de confianza absoluta de que ayudará a tener curiosidad acerca de cómo podría ayudar en su lugar.

Después de tus sesiones, primero vas a

experimentar una mentalidad cambiada. Aquí es donde usted comienza a sentirse mucho más seguro en su capacidad para bajar de peso y en su capacidad para mantener el peso fuera.

Al principio, tu mentalidad todavía puede ser sombreada por la duda, pero a medida que continúas usando la hipnosis y ves tus resultados, te darás cuenta de que es totalmente posible para ti crear éxito con la hipnosis. A medida que estas pruebas comienzan a aparecer en su propia vida, usted encontrará sus sesiones de hipnosis cada vez más potentes y aún más exitosos.

Además de una mentalidad cambiada, vas a empezar a ver comportamientos cambiados. Pueden ser más pequeños al principio, pero usted encontrará que aumentan con el tiempo hasta que llegan al punto donde sus comportamientos reflejan exactamente el estilo de vida que usted ha estado tratando de tener.

La mejor parte de estos comportamientos cambiados es que no se sentirán forzados, ni sentirán que ha tenido que animarse a sí mismo para llegar aquí: su mentalidad cambiada hará que estos comportamientos cambiados sean increíblemente fáciles de elegir. A medida que continúes trabajando en tu hipnosis y experimentando tu mente cambiada, descubrirás que tus cambios de comportamiento se vuelven más significativos y más fáciles cada vez.

Después de tu hipnosis y tus experiencias con la mentalidad y los comportamientos cambiados, es probable que experimentes períodos de regresión. Los períodos de regresión se caracterizan por períodos de tiempo en los que comienzas a involucrarte en tu antigua mentalidad y comportamiento una vez más.

Esto sucede porque has experimentado esta vieja mentalidad y patrones de comportamiento tantas veces que siguen teniendo raíces profundas en tu mente subconsciente. Cuanto más los desarraigues y refuerces tus nuevos comportamientos con sesiones de hipnosis consistentes, más éxito tendrás al eliminar estos viejos comportamientos y reemplazarlos por completo por otros nuevos.

Cada vez que experimente el comienzo de un período de regresión; usted debe reservar algún tiempo para participar en una sesión de hipnosis para ayudarle a cambiar su mentalidad de nuevo al estado que desea y necesita que esté en.

Sus rutinas de gestión explican el sexto paso, y entran en su lugar después de que usted ha experimentado efectivamente un cambio significativo y duradero de sus prácticas de hipnosis.

En este punto, usted no va a necesitar programar tan frecuentes de sesiones de hipnosis porque usted está experimentando cambios tan significativos en su mentalidad. Sin embargo, es posible que desee hacer sesiones de hipnosis de manera bastante consistente para asegurarse de que su mentalidad permanece cambiada y que no vuelva a patrones antiguos. A veces, puede tomar hasta 3-6 meses o más con estas sesiones de hipnosis de rutina de manejo consistente para mantener sus cambios y evitar que experimente una regresión significativa en su mentalidad y comportamiento.

El último paso en tu viaje de hipnosis va a ser el paso en el que te encuentras con cambios duraderos. En este punto, es poco probable que necesite programar sesiones de hipnosis por más tiempo.

No debe tener que confiar en la hipnosis en absoluto para cambiar su mentalidad porque ya ha experimentado cambios tan significativos, y ya no se encuentra retrocediendo en comportamientos antiguos. Dicho esto, es posible que de vez en cuando necesite tener una sesión de hipnosis solo para mantener los cambios, especialmente cuando puede surgir un desencadenante inesperado que puede hacer que desee retroceder sus comportamientos. Estos cambios inesperados pueden ocurrir durante años después de sus cambios exitosos, por lo que mantenerse al tanto de ellos y confiar en su método de afrontamiento saludable de la hipnosis es importante, ya que le impedirá experimentar una regresión significativa más adelante en la vida.

## Usar hipnosis para fomentar una alimentación saludable y desalentar la alimentación poco saludable

A medida que pasas por el uso de la hipnosis para apoyarte con la pérdida de peso, hay algunas maneras en que lo vas a hacer. Una de las maneras es, obviamente, centrarse en la pérdida de peso en sí. Otra manera, sin embargo, es centrarse en los temas que rodean la pérdida de peso.

Por ejemplo, puedes usar la hipnosis para ayudarte a comer sano y, al mismo tiempo, ayudar a desalentarte de comer mal. Sesiones de hipnosis efectivas pueden ayudarte a romper los antojos de alimentos que van a sabotear tu éxito mientras que también te ayudan a sentirte más atraído a tomar decisiones que te ayudarán a perder peso de manera efectiva.

Muchas personas usarán la hipnosis como una manera de cambiar sus antojos, mejorar su metabolismo, e incluso ayudarse a sí mismos a adquirir un gusto por comer alimentos más saludables. También puede utilizar esto para ayudar a desarrollar la motivación y la energía para realmente preparar alimentos más saludables y comerlos para que usted es más propenso a tener estas opciones más saludables disponibles para usted.

Si cultivar la motivación para preparar y comer alimentos saludables ha sido problemático para ti, este tipo de enfoque de hipnosis puede ser increíblemente útil.

## Uso de la hipnosis para fomentar cambios saludables en el estilo de vida

Además de ayudarte a animarte a comer más sano mientras te desalientas a comer alimentos poco saludables, también puedes usar la hipnosis para ayudarte a hacer cambios saludables en tu estilo de vida.

Esto puede apoyarte con todo, desde

hacer ejercicio con más frecuencia hasta captar pasatiempos más activos que apoyen tu bienestar en general.

También puedes usar esto para ayudarte a eliminar pasatiempos o experiencias de tu vida que pueden fomentar hábitos dietéticos poco saludables en primer lugar.

Por ejemplo, si tiendes a atracones a comer cuando estás estresado, podrías usar la hipnosis para ayudarte a navegar por el estrés de manera más efectiva, de modo que seas menos propenso a atracarte cuando te sientas estresado. Si tiendes a comer cuando te sientes emocional o aburrido, también puedes usar la hipnosis para ayudarte a cambiar esos comportamientos.

La hipnosis se puede utilizar para cambiar prácticamente cualquier área de tu vida que te motive a comer mal o descuide el autóc autóclo hasta el punto de sabotearte de la pérdida de peso saludable.

Realmente es una práctica increíblemente versátil en la que puedes confiar que te ayudará con la pérdida de peso, así como te ayudará a crear un estilo de vida más saludable en general. Con la hipnosis, hay innumerables maneras de mejorar la calidad de tu vida, por lo que es una práctica increíblemente útil para ti confiar en.

# Autohipnosis para comer saludable

(Poner música con sonidos binaurales)

Elija un entorno tranquilo y libre de ruido.

Siéntese o acuéstese cómodamente.

Cierra los ojos.

(Pausa 3 segundos)

Haz contacto con la respiración.

Permita que mi voz le guíe a través de este proceso.

(Pausa 5 segundos)

Inhala a través de las fosas nasales, contando mentalmente hasta tres.

Uno.
Dos.
Tres.
Aguanta la respiración.

Exhala desde las fosas nasales, contando mentalmente hasta cuatro.

Uno.
Dos.
Tres.
Cuatro.

(Pausa 5 segundos)

Imagínese que está en la parte superior de un tramo de escaleras compuestas de diez escalones.

(Pausa 3 segundos)

Comenzarás a bajar un paso a la vez.

(Pausa 3 segundos)

Baja el primer paso y mientras tanto repite mentalmente, después de mí:

"Estoy en el décimo paso, ahora voy a bajar al noveno paso y cuando haya llegado al noveno paso mi mente estará más relajada que ahora".

(Pausa 5 segundos)

Baja al noveno paso.

Repite mentalmente: "Estoy en el noveno paso. En el octavo paso mi mente será liberada de todos los pensamientos"

(Pausa 5 segundos)
Baja al octavo escalón.

Repite mentalmente: "Estoy en el octavo paso y mis brazos son pesados como plomo. Son tan pesados que no puedo moverlos. "

(Pausa 5 segundos)
Baja al séptimo escalón.

Repite mentalmente: "Estoy en el séptimo paso y mis piernas son pesadas como plomo. Son tan pesados que no puedo moverlos. "

(Pausa 5 segundos)

Baja al sexto paso.

Repite mentalmente: "Estoy en el sexto paso y mi abdomen y pecho son pesados como plomo. Son tan pesados que no puedo moverlos. "

(Pausa 5 segundos)

Baja al quinto escalón.

Repite mentalmente: "Estoy en el quinto escalón y mi cabeza es pesada como plomo. Dejé que se me instalara en el pecho. "

(Pausa 5 segundos)

Baja al cuarto paso.

Repite mentalmente: "Estoy en el cuarto paso y cada pensamiento desaparece".

(Pausa 5 segundos)

Baja al tercer paso.

Repite mentalmente: "Estoy en el tercer paso y mi cuerpo está completamente relajado y mi mente es completamente libre".

(Pausa 5 segundos)
Baja al segundo paso.

Repite mentalmente: "Estoy en el segundo paso y estoy listo para entrar en mi estado óptimo".

(Pausa 5 segundos)

Baja al primer paso.

Repite mentalmente: "Estoy en el primer paso y en el siguiente paso me sentiré lleno de energía y perfectamente listo".

(Pausa 5 segundos)

Baja el último escalón.

Hay una puerta frente a ti.

No puedes esperar para abrirlo.
Ábrela.

(Pausa 5 segundos)

Estás en el supermercado donde tienes el hábito de ir de compras.

(Pausa 3 segundos)

Te sientes perfectamente tranquilo y cómodo mientras empujas el carro y te mueves entre los carriles.

(Pausa 5 segundos)

Te sientes perfectamente tranquilo y a gusto porque sabes que sólo comerás alimentos que serán buenos para tu cuerpo y tu mente.

(Pausa 5 segundos)

Estás en el supermercado, estás empujando tu carro a lo largo de los pasillos y te sientes atraído sólo por alimentos saludables.

(Pausa 5 segundos)

Los alimentos saludables tienen colores brillantes y alegres.

Te sientes atraído espontánea y exclusivamente por ellos. Los alimentos poco saludables, por otro lado, son de color negro y los evitas espontáneamente.

(Pausa 10 segundos)

Empujas el carro entre las frutas y verduras y te sientes encantado por sus colores y aromas.

(Pausa 5 segundos)

Empiezas a llenar tu carrito con frutas y verduras y tu boca se está regando cuando piensas en cuándo vas a comer esos alimentos que son tan saludables y deliciosos.

(Pausa 5 segundos)

Continúe comprando y llenando el carro sólo con alimentos saludables:

legumbres, pescado, huevos, carnes blancas.

(Pausa 5 segundos)

Usted continúa comprando y es natural para usted evitar todos los alimentos no saludables y grasos.

Ni siquiera los ves.

Ni siquiera te das cuenta de su presencia.

Los ignoras por completo.

(Pausa 5 segundos)

Usted continúa poniendo sólo comida saludable en el carro y el carro está lleno de colores y aromas.

(Pausa 5 segundos)

Te acercas a la caja registradora y te dejas intoxicar por estos colores y estos deliciosos perfumes.

(Pausa 5 segundos)

Mientras sales del supermercado tu boca sigue regando. No puedes esperar para disfrutarlos.

(Pausa 5 segundos)

Ahora estás en tu cocina y has preparado tu comida solo con los alimentos saludables que acabas de comprar.

Mira lo que has preparado, sus colores, huelen sus deliciosos aromas.

(Pausa 5 segundos)

Todavía sientes que la boca se regar:

realmente te gusta preparar comidas saludables, lo que te hará perder el peso que ya no quieres y no necesitas.

(Pausa 5 segundos)

Estas comidas te darán el cuerpo que quieras.

(Pausa 10 segundos)

Empiezas a comer y con cada mordida sientes la salud que proviene de la boca y se expande en tu cuerpo.

(Pausa 5 segundos)

Saboreas cada bocado y percibes cada vez más la sensación de salud y bienestar que te da la comida saludable.

(Pausa 5 segundos)

Siente cómo este alimento saludable te alimenta perfectamente y hace que tu cuerpo sea delgado.

(Pausa 5 segundos)

Te sientes satisfecho. Usted es consciente de que está mejorando en la preparación de comidas bien equilibradas, con la cantidad correcta de proteínas, carbohidratos y vitaminas.

(Pausa 5 segundos)

Cada comida que comes satisface tu estómago.

(Pausa 5 segundos)
No sientes ninguna necesidad de comer entre comidas.

(Pausa 5 segundos)

Sólo sientes la necesidad de comer sano.

(Pausa 10 segundos)

Con cada semana que pasa, verás una transformación en tu cuerpo: un gran y poderoso cambio.

Te resultará menos difícil usar tu ropa.

Te sentirás cada vez más cómodo, porque tu exceso de grasa comenzará a desaparecer.

(Pausa 5 segundos)

Tendrás más energía; caminarás recto y orgulloso.

Cada persona notará que hay algo diferente en ti.

(Pausa 5 segundos)

Te gusta cómo te ves y cómo te sientes.

(Pausa 5 segundos)

Un nuevo y poderoso estilo de vida te hará sentir orgulloso de ti mismo: ya no sientes la necesidad de alimentos dañinos.

(Pausa 5 segundos)

Sólo sientes la necesidad de comer alimentos saludables y tener un cuerpo en forma.

(Pausa 5 segundos)

Ahora eres capaz de alcanzar cada meta que te has fijado: tienes confianza en ti mismo y en los demás que te a tu alrededor lo sientes.

(Pausa 5 segundos)

Es tu nueva forma de ver la vida, con pensamientos saludables lo saludable que es la comida con la que alimentas más y más en forma a tu cuerpo.

(Pausa 10 segundos)

Ahora toma estos pensamientos, sentimientos y emociones y tráelos al presente.

(Pausa 5 segundos)

Imagina tu cuerpo como siempre quisiste que fuera.

(Pausa 10 segundos)

Sus brazos están más tonados y cónicos; si quieres reemplazar la grasa perdida con músculo, puedes hacerlo fácilmente.

(Pausa 5 segundos)

Sus caderas más delgadas le permiten ponerse en su ropa fácilmente.

(Pausa 5 segundos)

Sus piernas son más delgadas y más fuertes; si quieres reemplazar la grasa perdida con músculo, puedes hacerlo fácilmente.

(Pausa 5 segundos)

Tu nuevo cuerpo te da más y más seguridad y bienestar cada día.

(Pausa 5 segundos)

Gracias a la comida saludable que a partir de ahora elegirás como tu único alimento, tu cuerpo se volverá más delgado, más hermoso y saludable cada día.

(Pausa 5 segundos)

Estás a punto de regresar al estado de vigilia.

Prepárate para llevar este nuevo estilo de vida saludable a tu estado de vigilia.

(Pausa 5 segundos)

Tu mente subconsciente procesará cada palabra que hayas oído.

(Pausa 5 segundos)

Cada vez que escuches estas palabras, la sugerencia será cada vez más poderosa para ti.

(Pausa 5 segundos)

Cada vez que escuches estas palabras, la sugerencia se convertirá en una parte cada vez más importante de ti.

(Pausa 5 segundos)

Cada vez que escuches estas palabras, serás cada vez más la persona que has elegido ser.

(Pausa 5 segundos)

Repetir mentalmente:

"Voy a contar de uno a cinco y al final del conteo me sentiré completamente despierto y mejor que antes."
(Pausa 5 segundos)

Uno.

Repite mentalmente: "Estoy a punto de volver al estado de vigilia, y esto significa que incluso en el estado de vigilia mi subconsciente continuará llevando a cabo las instrucciones que le he dado".

(Pausa 5 segundos)

Dos.

Repite mentalmente: "A partir de ahora me atraeré sólo a alimentos saludables e ignoraré completamente los alimentos grasos e insalubres".

(Pausa 5 segundos)

Tres.

Repite mentalmente: "A partir de ahora quiero comer sólo alimentos saludables.

(Pausa 3 segundos)

Cuatro.

Repito mentalmente: "cada día mi cuerpo se vuelve más delgado, más hermoso y más saludable".

(Pausa 3 segundos)

Cinco.

Abre los ojos.

Estás completamente despierto, te sientes bien y te sientes mejor que antes.

Te sientes mejor cada día.

(Apague la música con sonidos binaurales)

# 100 Afirmación Positiva

Según los dietistas, el éxito de la dieta está muy influenciado por la forma en que las personas hablan de los cambios en el estilo de vida para los demás y para sí mismos.

El uso de "debería" o "debo" es evitarlo siempre que sea posible. Cualquiera que diga, "No debería comer papas fritas" o "tengo que conseguir un bocado de chocolate" sentirá que no tienen control sobre los eventos. En cambio, si dices "prefiero" dejar la comida, sentirás más poder y menos culpa. Se debe evitar el término "dieta". Una buena nutrición debe ser vista como un cambio permanente en el estilo de vida. Por ejemplo, la redacción correcta es: "He cambiado mis hábitos alimenticios" o "Estoy comiendo más saludable".

## Las dietas están engordando. ¿por qué?

El cuerpo necesita grasa. Nuestro cuerpo quiere vivir, así que almacena grasa. Extracción de esta cantidad de grasa del cuerpo no es una tarea fácil como el cuerpo protege contra la pérdida de peso.

Durante el hambre, nuestros cuerpos cambian a una "llama salvadora", quemando menos calorías para evitar morir de hambre.

Aquellos que están empezando a perder peso son generalmente optimistas, ya que, durante la primera semana, pueden experimentar 1-3 kg (2-7 libras) de pérdida de peso, que valida sus esfuerzos y sufrimiento. Su cuerpo, sin embargo, los ha engañado muy bien porque en realidad no quiere descomponer la grasa. En su lugar, comienza a descomponer el tejido muscular. Al principio de la dieta, nuestros cuerpos queman azúcar y proteínas, no grasa. El azúcar quemado elimina una gran cantidad de agua del cuerpo; es por eso que experimentamos resultados sorprendentes en la escala.

Nuestro cuerpo tardará unos siete días en cambiar a la quema de grasa. Entonces suena la campana de alarma de nuestro cuerpo. La mayoría de las dietas tienen un final triste: reducir su tasa metabólica a un nivel más bajo. Esto indica que si solo comes unos cuantos más después, recuperas todo el peso que has perdido.

Después de la dieta, el cuerpo hará esfuerzos especiales para almacenar grasa para la próxima hambruna inminente. ¿Qué hacer para prevenir una situación así?

Debemos entender lo que nuestra alma necesita. Aquellos que realmente desean tener éxito deben ante todo cambiar su fundamento espiritual. Es importante mimar nuestras almas durante un período de pérdida de peso. Todas las personas con sobrepeso tienden a enfuarse por comer comida prohibida: "Comí demasiado de nuevo. ¡Mi fuerza de voluntad es tan débil!" Si alguna vez has trabajado para bajar de peso, conoces muy bien estos pensamientos.

Imagina a una persona muy cercana a ti que ha pasado por un momento difícil mientras comete errores de vez en cuando. ¿Vamos a regañar o tratar de ayudarlos y motivarlos? Si realmente los amamos, en su lugar los consolaríamos y tratamos de convencerlos de que continúen.

Nadie le dice a su mejor amigo que son débiles, feos o malos, sólo porque están luchando con su peso. ¡Si no se lo dijeras a tu amigo, tampoco te lo hagas a ti mismo! Seamos conscientes de esto: durante la pérdida de peso, nuestra alma necesita paz y apoyo. Todas las malas opiniones, aunque sólo se exprese en el pensamiento, son perjudiciales y nos desvían de nuestro propósito. Debes apoyarte con refuerzo positivo. No hay lugar para el principio de todo o nada.

Un solo pedazo de pastel no arruinará toda tu dieta. El pensamiento realista es más útil que la teoría de desastres. Una galleta no es el fin del mundo. Comer no debe ser una recompensa. Los pasteles no deben compensar un mal día. Si usted es generalmente un consumidor saludable, comer algunas golosinas a veces debido a su delicioso sabor y para mimar su alma.

Te daré una lista de cien afirmaciones positivas que puedes usar para reforzar tu pérdida de peso. Los dividiré en categorías principales en función de las situaciones más típicas para las que necesitaría confirmación. Puedes repetirlos todos cuando lo necesites, pero también puedes elegir las que sean más adecuadas para tus circunstancias. Si prefiere escucharlos durante la meditación, puede grabarlos con una pieza de buena música relajante en el fondo.

# Afirmaciones generales para reforzar su bienestar:

1. Estoy agradecido de haberme despertado hoy. Gracias por hacerme feliz hoy.

2. Hoy es un muy buen día. Me encuentro con gente agradable y servicial, a quien trato amablemente.

3. Cada nuevo día es para mí. Vivo para hacerme sentir bien. Hoy sólo escojo buenos pensamientos para mí.

4. Algo maravilloso me está pasando hoy.

5. Me siento bien.

6. Soy tranquilo, enérgico y alegre.

7. Mis órganos están sanos.

8. Estoy satisfecho y equilibrado.

9. Vivo en paz y entendimiento con todos.

10. Escucho a los demás con paciencia.

11. En cada situación, encuentro lo bueno.

12. Me acepto y respeto a mí mismo y a mis semejantes.

13. Confío en mí mismo; Confío en mi sabiduría interior.

## ¿A menudo te regañas? A continuación, repita las siguientes afirmaciones con frecuencia:

14. Me perdono.

15. Soy bueno conmigo mismo.

16. Me motivé una y otra vez.

17. Estoy haciendo bien mi trabajo.

18. Me preocupo por mí mismo.

19. Estoy haciendo lo mejor que puedo.

20. Estoy orgulloso de mí mismo por mis logros.

21. Soy consciente de que a veces tengo que mimar mi alma.

22. Recuerdo que hice un gran trabajo esta semana.

23. Me merecía este pequeño caramelo.

24. Dejo de en medio el sentimiento de culpa.

25. Libero la culpa.

26. Todo el mundo es imperfecto. Acepto que yo también.

Si sientes dolor cuando eliges evitar deliciosa comida, entonces necesitas motivarte con afirmaciones tales como:

27. Estoy motivado y persistente.

28. Controlo mi vida y mi peso.

29. Estoy listo para cambiar mi vida.

30. Los cambios me hacen sentir mejor.

31. Sigo mi dieta con alegría y alegría.

32. Soy consciente de mis increíbles capacidades.

33. Estoy agradecido por mis oportunidades.

34. Hoy estoy emocionado de comenzar una nueva dieta.

35. Siempre tengo en cuenta mis metas.

36. Me imagino delgada y hermosa.

37. Hoy me alegra tener la oportunidad de hacer lo que he estado posponiendo durante mucho tiempo.

38. Poseo la energía y la voluntad de pasar por mi dieta.

39. Prefiero perder peso en lugar de perder el tiempo en placeres momentáneos.

## Aquí puede encontrar afirmaciones que le ayudan a cambiar las convicciones y bloqueos dañinos:

40. Veo mi progreso todos los días.

41. Escucho los mensajes de mi cuerpo.

42. Me ocupo de mi salud.

43. Como alimentos saludables.

44. Amo lo que soy.

45. Me encanta cómo me apoya la vida.

46. Una buena plaza de aparcamiento, café, conversación. Es todo para mí hoy.

47. Se siente bien estar despierto porque puedo vivir en paz, salud, amor.

48. Estoy agradecido de haberme despertado. Respiro profundamente la paz y la tranquilidad.

49. Amo mi cuerpo. Me encanta que me sirvan.

50. Como degustando cada sabor de la

comida.

51. Soy consciente de los beneficios de los alimentos saludables.

52. Disfruto comiendo alimentos saludables y siendo más en forma todos los días.

53. Me siento enérgico porque como bien.

Muchas personas están luchando con tener sobrepeso porque no se mueven lo suficiente. La raíz misma de este problema puede ser la negativa a hacer ejercicios debido a sesgos negativos en nuestras mentes.

## Podemos superar estas creencias repitiendo las siguientes afirmaciones:

54. Me gusta moverme porque ayuda a mi cuerpo a quemar grasa.

55. Cada vez que hago ejercicio, me estoy acercando a tener un cuerpo hermoso y apretada.

56. Es una sensación muy edificante de ser capaz de subir hasta 100 escalones

sin parar.

57. Es más fácil tener una excelente calidad de vida si me muevo.

58. Me gusta la sensación de volver a mi casa cansado pero feliz después de un largo paseo de invierno.

59. Los ejercicios físicos me ayudan a tener una vida más larga.

60. Estoy orgulloso de tener una mejor condición física y agilidad.

61. Me siento más feliz gracias a la

hormona de felicidad producida por el ejercicio.

62. Me siento lleno gracias a las enzimas que producen una sensación de saciariedad durante los ejercicios físicos.

63. Soy consciente incluso después del ejercicio, mis músculos siguen quemando grasa, y por eso pierdo peso mientras descanso.

64. Me siento más enérgico después de los ejercicios.

65. Mi objetivo es bajar de peso; por lo

tanto, hago ejercicio.

66. Estoy motivado para hacer ejercicio todos los días.

67. Pierdo peso mientras hago ejercicio.

## Ahora, voy a darle una lista de afirmaciones genéricas que puede construir en su propio programa:

68. Me alegro de ser quien soy.

69. Hoy, leo artículos y veo películas que

me hacen sentir positiva sobre mi progreso en la dieta.

70. Me encanta cuando soy feliz.

71. Respiro profundamente y exhalo mis miedos.

72. Hoy no quiero probar mi verdad, pero quiero ser feliz.

73. Soy fuerte y saludable. Estoy bien y estoy mejorando.

74. Hoy soy feliz porque haga lo que haga, encuentro gozo en él.

75. Presto atención a lo que puedo llegar a ser.

76. Me amo a mí mismo y soy útil a los demás.

77. Acepto lo que no puedo cambiar.

78. Estoy feliz de poder comer alimentos saludables.

79. Estoy feliz de haber estado cambiando mi vida con mi nuevo estilo de vida saludable.

80. Hoy no me comparo con los demás.

81. Acepto y apoyo a quien soy y me dirijo a mí mismo con amor.

82. Hoy puedo hacer cualquier cosa por mi mejora.

83. Estoy bien. Estoy feliz de por vida. Me encanta quien soy. Soy fuerte y confiado.

84. Estoy tranquilo y satisfecho.

85. Hoy es perfecto para mí para hacer ejercicio y estar saludable.

86. He decidido perder peso y soy lo suficientemente fuerte como para seguir mi voluntad.

87. Me amo a mí mismo, así que quiero perder peso.

88. Estoy orgulloso de mí mismo porque sigo mi programa de dieta.

89. Veo lo más fuerte que soy.

90. Sé que puedo hacerlo.

91. No es mi pasado, sino mi presente, lo

que me define.

92. Estoy agradecido por mi vida.

93. Estoy agradecido por mi cuerpo porque colabora bien conmigo.

94. Comer alimentos saludables me ayuda a obtener los mejores nutrientes que necesito, para estar en la mejor forma.

95. Sólo como alimentos saludables, y evito los alimentos procesados.

96. Puedo lograr mis metas de pérdida de

peso.

97. Todas las células de mi cuerpo están en forma y sanas, y yo también.

98. Disfruto manteniéndome saludable y manteniendo mi peso ideal.

99. Siento que mi cuerpo está perdiendo peso en este momento.

100. Me preocupo por mi cuerpo haciendo ejercicio todos los días.

# Conclusión

Estos son los cimientos de la Dieta de la Autohipnosis y la razón por la que muchos clientes han tenido éxito con el programador. Te invitamos a actuar literalmente como un niño al comienzo de este libro, volver a aprender las delicias de tu infancia y explorar el vínculo entre la mente y el cuerpo. Dijimos que la pérdida de peso rápida no te impone una dieta. En su lugar, proporciona el ingrediente que falta en todas las demás dietas. Aborda el papel y el poder de tu mente para hacer que cualquier dieta o cambio de estilo de

vida sea más exitoso.
has leído muchas de las ideas y tu mente-cuerpo las ha absorbido en la memoria profunda. No importa si puedes recitar todas las ideas o no. Están ahí, en lo más profundo de tu memoria, completamente manejados por tu mente-cuerpo, esperando la activación. Confía en tu mente y en tu cuerpo. El subconsciente lo maneja por ti, sin tener que interrumpirte con tareas y decisiones de pensamiento. Déjate pensar de nuevo en todas las cosas que hace por ti cada segundo sobre el día. Por ejemplo, en este mismo momento tu mente-cuerpo te respira, inhala y exhala al ritmo perfecto

para tus necesidades. Tu mente-cuerpo también controla la respiración, la digestión, las respuestas inmunitarias y una serie de otras funciones del cuerpo mental. Su papel de memoria también está controlado por su subconsciente, lo que le permite olvidarse de él durante todo el día y recordar según sea necesario. Si piensas en ti mismo mientras lees un concepto, "No me gustaría eso", o "eso no es para mí", tu mente-cuerpo pone la idea de nuevo en el estante de memoria para esperar tu permiso. Las ideas de las que hablas, "¡Me encantaría experimentar eso!" O" o "¡Quiero esto!" Tu mente-cuerpo se acumula en el estante de tu memoria y hace uso de ella. Cuanto más participas en una actividad, más automáticamente tu mente-cuerpo aprende a hacerlo por ti. Tu autohipnosis reúne todo esto para ti, haciendo de tu inspiración, valores y metas la fórmula a seguir para tu mente-cuerpo. Echemos un vistazo a los puntos críticos con respecto a la autohipnosis y la pérdida de peso. Al recordar las verdades de la dieta de autohipnosis, te pondrás a tierra en cada etapa de tu viaje a tu peso ideal.

Una vez realidades de la autohipnosis y pérdida de peso

1. La autohipnosis es una manera

eficiente de llegar a su vínculo mente-cuerpo, y proporcionar a su subconsciente ideas e imágenes de su peso ideal. Hay una abundancia de literatura clínica que apunta a la eficacia de la hipnosis en la manipulación de las funciones físicas o mentales del cuerpo. Los estudios realizados para diversas condiciones médicas ilustran claramente la fuerza y la eficacia terapéutica de la autohipnosis. No es necesario esperar hasta que se realicen cien estudios más sobre la pérdida de peso y la hipnosis. Actualmente puede abrir su propio camino. Al empoderarte para seleccionar y motivar subconscientemente los pensamientos, emociones, valores y hábitos que producirán los resultados que deseas, tu autohipnosis te ayudará a superar desafíos y excusas. También puede ayudarte a superar excusas y obstáculos actuando subconscientemente sobre tus ideas, elecciones, creencias, sentimientos y comportamientos que producirán los resultados que deseas.

2. La autohipnosis te ayuda a aprovechar la fuerza de la fe y la creencia. Al enfocar y dirigir este poder dentro del cuerpo mental, tu subconsciente acepta y actúa como preciso sobre tus creencias, incluso si son creencias falsas. Se ha demostrado que los individuos tienen

una creencia en la mente que les permite caminar sobre brasas calientes sin crear una respuesta de quemadura. Es posible tocar un objeto afilado que se supone que está ampollandomente caliente, y en realidad producir una respuesta de quemadura (un blíster). Con tu fe o seguridad de creer que es real para ti, puedes elegir qué creer y animarlo. Tu autohipnosis te ayuda a beneficiarte del conocimiento de que "te lo hace de acuerdo con tu religión".
Tu mente-cuerpo incluso acepta creencias falsas, porque no distingue lo que es real de lo que imaginas o pretendes ser real. Ten en cuenta lo que

diariamente te permites creer.
3. La autohipnosis te ayuda a reenmarcar y reprogramar comportamientos y reacciones subconscientes para que coincidan con tu inspiración, creencias y expectativas de tu peso perfecto. Antes de que tuvieras el conocimiento y la inteligencia analítica para tomar decisiones sobre lo que se estaba aprendiendo en tu mentalidad-cuerpo, muchos de tus hábitos de comportamiento, preferencias alimentarias y opiniones sobre tu peso y tú mismo se generaron al principio de la vida. Un claro ejemplo de esto es el impacto que tener ser miembro de un

club de placas limpias tiene en confundir sentimientos de hambre, plenitud y cuándo dejar de alimentarse. Reprogramar este patrón con la idea de que su plato no necesita ser limpiado le ayudará a entender cuándo evitar alimentarse. La autohipnosis te permite revertir el condicionamiento subconsciente que acompaña a los encuentros dolorosos y emocionales. Lo que se aprenda en su lugar puede ser desaprendido aprendiendo otra cosa. Tu hipnosis proporciona los medios para aprender hábitos y patrones que te dan los resultados de peso perfectos que deseas. Esto incluye patrones de alimentación y hambre, preferencias alimentarias, relaciones emocionales con alimentos y alimentos, autoimagen, efectos de trauma y otras dinámicas subconscientes que te afectan.

4. La autohipnosis ofrece una variedad de técnicas (fenómenos hipnóticos) que pueden ayudarte a alcanzar el peso ideal que buscas. Estos incluyen: recordar y olvidar, cambiar la percepción de los sentidos, distorsión del tiempo, sugerencia posthipnótica, y más. Por ejemplo, es posible que estés usando tu autohipnosis para atribuir un gran sabor a los alimentos que te ayudan a alcanzar tu peso ideal, y asignar alimentos que

funcionen contra tu peso perfecto a un sabor no deseado. Las ideas posthipnóticas son todavía algunos de los muchos dispositivos o experiencias hipnóticas que puedes encontrar. Puedes sugerir hipnóticamente que a mitad de una comida experimentarás una increíble sensación de saclezidad y dejarás el resto sin comer. Tal vez usted puede olvidarse de los antojos tal vez impulsos de interrumpir las golosinas, o distorsionar el tiempo.

5. La autohipnosis alterará la forma en que interpretas los obstáculos para hacer mejoras en la actividad física, el ejercicio y otras actividades necesarias y

agradables para alcanzar tu peso ideal. No importa si el fondo no implica actividad física diaria y hábitos de entrenamiento. Todo esto está en el pasado. Tu autohipnosis puede ayudarte a ver el ejercicio como atractivo y gratificante. Al ayudarte a encontrar la actitud que coincida con los comportamientos para crear los resultados que deseas, puede ayudar a eliminar los obstáculos a una actividad física más significativa.

6. La autohipnosis es un medio muy eficaz para experimentar el antídoto por estrés: la relajación. La autohipnosis ayuda a minimizar la tensión asociada

con los cambios en los hábitos, actitudes y comportamientos, y puede crear una barrera sustancial y una distancia a cómo la tensión puede afectar el comportamiento reactivo de la alimentación y el funcionamiento físico. No puedes estar al mismo tiempo tranquilo y nervioso o deprimido. Son dos estados fisiológicamente distintos. Cuando practicas tu autohipnosis, tu mente-cuerpo te quita la capacidad de crear una respuesta a la relajación. Cuando te encuentras en situaciones estresantes que ponen en peligro tu peso perfecto, puedes desencadenar la respuesta de relajación. Puede variar desde la tensión en las comidas navideñas cuando la gente espera que consumas grandes cantidades de la comida, te dan, hasta las presiones del trabajo diario que nunca has establecido consumiendo algo. Cuando usted está tratando de eliminar un viejo hábito y el desarrollo de uno nuevo, también puede crear una respuesta de relajación.

7. La autohipnosis puede transformar y redirigir las poderosas energías de los antojos y tentaciones en sentimientos y comportamientos que protegen su peso perfecto. Su práctica de autohipnosis debe mostrarle cómo desconectarse o disociarse selectivamente de su entorno y

su estado interno. Esto le permite recordar el estado separado o convertirse en un observador separado y notar que "los antojos están presentes", y luego elegir para sus propósitos en qué transformar esa energía. No tienes que seguir ignorando los antojos y la tentación; en su lugar, tratar de simplemente alejarse de las emociones que crean y reconocer que están allí. Tu autohipnosis es una manera perfecta de ensayar la capacidad de desconectar lo suficientemente bien como para elegir entre lo que quieres sentir. Esta es también una de las formas en que la hipnosis se utiliza para crear anestesia que se induce hipnóticamente.

8. La autohipnosis te ayudará a construir una relación más placentera y cariñosa con la comida, la alimentación y tu cuerpo, haciendo que tu pérdida de peso y mejoras en el estilo de vida sean más exitosas y agradables. Debes sostenerlos a medida que construyes y experimentas una mayor satisfacción con los nuevos hábitos alimenticios y la actividad física. Una amistad romántica con alguien te ayuda a disfrutar de la experiencia con ella. Tu autohipnosis te ayuda a hacer el amoroso trabajo interno que crea los resultados que deseas para tu peso perfecto.

9. La autohipnosis es un tipo de atención concentrada que mejora eficazmente la capacidad de ensayar para producir los resultados deseados mentalmente. Los atletas y los artistas han utilizado el ensayo mental durante años.
Los estudios han demostrado que el entrenamiento mental es una manera importante para la ejecución real del trabajo mente-cuerpo. Su autohipnosis le ayuda a ensayar su actuación en eventos especiales, cenas

navideñas y fiestas. Ensayará sus opciones de alimentos y bebidas hipnóticamente, su confianza en

CPSIA information can be obtained
at www.ICGtesting.com
Printed in the USA
BVHW041643070221
599576BV00005B/457